AF254085

COMPTE RENDU

PAR

LA COMMISSION INTERMÉDIAIRE

DE LA CI-DEVANT

PROVINCE DE L'ISLE-DE-FRANCE,

A MESSIEURS LES ADMINISTRATEURS

DES DÉPARTEMENS,

1.er Septembre 1790.

MESSIEURS,

CE fut en 1787 que le Roi nous confia l'Administration de la Province que nous avons l'honneur de remettre entre vos mains ; elle embrassoit un territoire très-vaste *(a)*,

---

(a) La généralité de Paris étoit composée de vingt-deux Élections, de vingt-cinq villes assez considérables, & de deux mille cent treize Communautés. On peut, d'après cette donnée, établir la proportion de cette Généralité avec l'universalité de la France.

A

mais elle étoit plus reftreinte que la vôtre dans fes pouvoirs; elle ne s'étendoit pas à tous les objets dont vous avez la direction & la furveillance. Auffi avons-nous eu à lutter contre beaucoup d'obftacles dont l'Adminiftration nouvelle ne fera plus embarraffée, & nous ne pouvons que féliciter la province, en voyant fes Adminiftrateurs inveftis d'une grande autorité, & pouvant donner un libre effor à leurs talens & à leur zèle.

En mettant fous vos yeux notre fituation fur les fonds différens dont nous avons été les difpenfateurs, nous avons penfé, Meffieurs, que vous ne défapprouveriez pas quelques obfervations fur la deftination de ces fonds & fur leur emploi. Perfonne ne reçoit mieux les avis fraternels, les communications amicales, que ceux à qui leur mérite & leur pénétration peuvent les rendre moins néceffaires.

Notre Adminiftration a commencé au premier janvier 1788; tout ce qui eft antérieur à cette époque, fembleroit ne devoir être pour nous qu'un objet de fimple curiofité ou de pure inftruction. Il n'en eft pas ainfi : les Adminiftrations précédentes avoient confommé à l'avance des fonds confidérables; nous en avons payé quelque partie après bien des remontrances & par déférence pour l'autorité; une portion plus importante eft encore dûe aux entrepreneurs. Vous apprécierez, Meffieurs, leurs réclamations : elles ne nous ont été préfentées, pour la plupart, qu'à la fin de notre exercice, & fans prendre une détermination définitive, nous vous en avons réfervé la décifion.

Il eft bien facile d'adminiftrer, lorfque tous les efprits,

par un heureux accord, concourent au bien général, lorfque toutes les opérations, préparées par la juftice, ne rencontrent dans l'exécution que des volontés dociles & foumifes. Vous connoiffez, Meffieurs, le caractère des temps que nous avons eu à parcourir; les révolutions qui fe font fuccédées fi rapidement dans l'efpace de trois années, feront une partie remarquable de notre hiftoire. Nous nous abftiendrons de vous en retracer le tableau.

Heureux les Adminiftrateurs à qui il eft donné de gouverner dans un temps où le peuple connoît tout le prix de l'ordre & de la foumiffion aux loix ! Les vertus qui vous ont mérité les fuffrages de vos concitoyens, vous répondent de leur refpect & de leur confiance.

Les fonds dont la province a eu la difpofition, font :

1.° Les fonds libres de la capitation.

2.° Les fonds variables.

3.° Ceux de régie des vingtièmes.

4.° Le moins impofé.

5.° Les travaux de charité.

6.° Les fonds deftinés aux décharges & modérations, foit fur la capitation, foit fur les vingtièmes.

7.° Les fonds des ponts & chauffées fur le Tréfor royal.

8.° La preftation repréfentative des travaux gratuits des routes.

9.° Les réimpofitions deftinées au payement des frais d'arpentages.

10.º Un fonds proviſoire de 12,000ᵗ pour les premiers frais d'établiſſement de l'Aſſemblée provinciale.

11.º Les ſecours accordés pour la grêle de 1788.

12.º Réimpoſitions pour frais locaux d'adminiſtration.

13.º Enfin, une partie du produit des rôles de ſupplément pour les ſix derniers mois 1789.

La totalité de ces fonds pour chacune des années 1788, 1789 & 1790, eſt compriſe dans le tableau ſuivant.

NATURE DES FONDS.	SOMMES ASSIGNÉES SUR CHACUN DES EXERCICES.			OBSERVATIONS.
	1788.	1789.	1790.	
Fonds libres de la capitation..........	85,774ˡ. 13ˢ. 2ᵈ.	85,461ˡ. 16ˢ. 4ᵈ.	42,730ˡ. 18ˢ. 2ᵈ.	Ces fonds ont été remis, pour 1790, à la disposition de MM. de la Commission intermédiaire, par M. le Contrôleur-général, qui n'a fait expédier que jusqu'à concurrence des six premiers mois.
Fonds variables. { Caſernemens......	160,000. ″ ″	160,000. ″ ″	} 121,500. ″ ″	
Milices...........	47,000. ″ ″	47,000. ″ ″		
Pépinières........	30,000. ″ ″	30,000. ″ ″		
Inval. de S. Gⁿ.	6,150. ″ ″	6,000. ″ ″		
Fonds de la Régie des vingtièmes..........	74,000. ″ ″	74,000. ″ ″	″ ″ ″	Ces 74,000 liv. n'ont pas été mises à la disposition de la Commiſſion intermédiaire pour 1790.
Fonds deſtinés au moins impoſé.............		65,000. ″ ″		Il n'a point encore été fait de fonds pour 1790, pour ces deux parties, ſi ce n'eſt 60,000 l accordées par forme de ſu pl. aux fonds des travaux de charité d: 1789.
Travaux de charité....	180,000. ″ ″	240,000. ″ ″		
Fonds deſtinés aux modérations & décharges. { Sur la capitation.	79,271. ″ ″	79,271. ″ ″	79,271. ″ ″	Il n'a pas encore été aſſigné de fonds ſur cet exercice pour les modérations & décharges; on les ſuppoſe comme les années précédentes.
Sur les vingtièmes.	120,000. ″ ″	120,000. ″ ″	120,000. ″ ″	
Fonds des Ponts & Chauſſées ſur le tréſor royal.............	438,717. 16. 11.	438,717. 16. 11.	250,000. ″ ″	Réduits proviſoirement, pour 1790, à 20,833 liv. par mois, depuis le 1.ᵉʳ avril 1790, jusqu'à pareille époque de 1791.
Fonds de la preſtation repréſentative des travaux gratuits des routes.............	519,875. 7. 1.	523,145. ″ ″	544,273. 3. 4.	
Réimpoſitions deſtinées au payement des frais d'arpentages........	55,394. ″ ″	34,545. ″ ″	36,460. 15. ″	
Fonds proviſoires pris ſur l'exercice 1787.....	12,000. ″ ″	″ ″ ″		Ces ſecours n'ont été qu'accidentels.
Secours accordés à cauſe de la grêle de 1788..	210,605. 9. ″	″ ″ ″		
Réimpoſitions pour frais locaux.................	″ ″ ″	12,295. ″ ″	″ ″ ″	
TOTAUX........	2,018,788ˡ. 6ˢ. 2ᵈ.	2,015,435ˡ. 13ˢ. 3ᵈ.	1,194,235ˡ. 16ˢ. 6ˢ.	
Emploi d'une partie du produit des rôles de ſupplément des ſix derniers mois 1789.....	....	176,362ˡ. 16ˢ. 1ᵈ.	....	La Commiſſion intermédiaire a diſpoſé de cette partie du produit de ces rôles, en exécution d'une autoriſation du comité des finances de l'Aſſemblée Nationale, du 10 avril 1790, pour différens genres de ſecours, indépendamment d'une ſomme beaucoup plus conſidérable pour la compenſation des quittances de décimes & de capitation, priſes ſur les mêmes fonds.

Fonds libres de la Capitation.

LES fonds libres de la capitation provenoient d'une addition faite en 1765, à la capitation que supportoient les différentes généralités des pays d'élection & des pays conquis.

Ils étoient destinés à subvenir, d'après les autorisations du Gouvernement :

1.° Aux frais d'administration, comme les appointemens & frais de bureaux des intendances, les supplémens de traitemens de MM. les Intendans, les gratifications des Subdélégués, les frais d'impression d'arrêts & réglemens à publier dans les provinces.

2.° Au secours des pères de familles nombreuses & indigentes, & à ceux qui avoient éprouvé des incendies & autres fléaux ; au traitement des maladies épidémiques & épizootiques ; enfin à tous les autres objets de bienfaisance & d'utilité publique.

Le montant de la capitation & de ses accessoires, suivant le brevet général, étoit de . . . . 2,921,651. 8. 1.

La somme fixée par le Gouvernement pour frais relatifs à l'administration de l'intendance, pour les taxations des Receveurs généraux, & pour les dépenses assignées sur les accessoires de la capitation, étant de . . . . 2,674,131. 12. 2.

Il restoit pour les taxations des Collecteurs & Receveurs particuliers, les modérations & décharges, & en fonds libres . . . . 247,519. 15. 11.

<table>
<tr><td></td><td>liv.</td><td>fous.</td><td>den.</td></tr>
</table>

Ci-contre . . . .   247,519. 15. 11.

On prélevoit fur cette fomme :

1°. Pour non-va-
leurs , décharges &
modérations. . . . . . . 79,271. *"* *"*

2°. Pour taxations
des Collecteurs à 4
deniers pour livre ,
déduction faite des dé-
charges par évaluation. 47,490. 3. *"*

3°. Pour celles des
Receveurs particuliers,
à 3 deniers , déduction
faite de celles des
Collecteurs par éva-
luation. . . . . 34,983. 19. 9.

} 161,745. 2. 9.

Reftoit. . . . .   85,774. 13. 2.

Nous avons trouvé plufieurs dépenfes
annuelles, fixes & approuvées en 1778
ou dans les années fuivantes, qui étoient
affignées fur ces fonds. Sur nos repréfenta-
tions, le retranchement en a été ordonné,
& il n'eft plus demeuré de dépenfes fixes
à leur charge, outre celles dont nous
venons de parler, que les 3,000 livres
d'honoraires des Avocats choifis par la
province pour l'examen des affaires des
communautés qui demandent d'être auto-
rifées à plaider. . . . .   3,000. *"* *"*

Il reftoit donc définitivement en fonds
libres. . . . .   82,774. 13. 2.

C'étoit fur ces fonds que fe payoient les dépenfes

accidentelles par nous propofées, & après qu'elles avoient été approuvées par le Confeil.

Vous remarquerez, Meffieurs, que l'on a excédé en 1788 les fonds libres de 148 liv. 19 f. 4 deniers; mais il en fera fait raifon à la recette générale, fur les fonds deftinés aux modérations & décharges de capitation pour cet exercice.

	liv.	fous.	den.
En 1789, il reftoit à difpofer fur les fonds libres, de.	6,042.	1.	6.
Et en 1790, de	16,512.	14.	″
Économies effectives	22,554.	15.	6.

Non compris les 42,730 liv. 18 f. 2 d. à réclamer pour la feconde moitié des fonds libres de 1790, qui n'ont pas été mis à notre difpofition.

Fonds des dépenfes variables.

LE fonds des dépenfes variables à la difpofition de la province, étoit compofé d'une partie des impofitions accef-foires, les unes de la taille, les autres de la capitation.

	liv.	fous.	den.
Les impofitions accefToires de la taille confiftoient en une fomme de 30,000 liv. affectée à l'entretien des pépinières de la province, ci	30,000.	″	″
Les impofitions accefToires de la capitation confiftoient, pour les cafernemens, en une fomme de.	160,000.	″	″
Levée & équipement des milices, y compris 4,000 liv. impofées fur la ville de Verfailles, & déduction faite des taxations.	47,000.	″	″
Enfin une fomme deftinée à l'entretien d'une compagnie d'invalides établie à Saint-Germain-en-Laye, & portée à 6,150 liv. pour l'année 1788, & à 6,000 liv. pour chacune des années 1789 & 1790. . . .	6,000.	″	″
	243,000.	″	″

Nous

9

Nous avons l'honneur de vous obferver, Meffieurs, que cette divifion de fonds n'a eu lieu que pour 1788 & 1789, & qu'ils ont été compris pour 1790 fous la dénomination de fonds variables, dont vous aurez à répéter fur le tréfor public une fomme de 121,500 liv. pour les fix derniers mois de cet exercice, n'ayant eu à notre difpofition que les fix premiers mois de cette année.

La deftination de ces fonds étoit naturellement déterminée par leur origine refpective, telle que les cafernemens des troupes, les logemens militaires, ceux des maréchauffées & autres. Elles s'appeloient dépenfes variables, parce qu'elles étoient fujettes à varier chaque année felon les befoins éventuels de la province.

En effet, toutes les années ne préfentoient pas les mêmes caufes de dépenfes, telles que les conftructions de cafernes, hôtels d'intendance, de palais de juftice, de prifons, ponts & autres ouvrages.

Avant 1780, elles éprouvoient des augmentations annuelles fouvent fort confidérables ; mais par la Déclaration du 13 février 1780, elles ont été rendues invariables comme l'impofition de la taille, dont elles étoient l'acceffoire. On a formé de ces impofitions une feule maffe, mais qui eft toujours demeurée deftinée, fuivant l'efprit de fon inftitution primitive, & d'après l'autorifation du Gouvernement, au payement de tous les objets de la nature de ceux auxquels ces fonds étoient précédemment affectés.

Lorfque cette deftination étoit remplie, & que les circonftances procuroient quelque extédant, il étoit employé à épargner des impofitions nouvelles aux provinces, par l'application qui en étoit faite à d'autres dépenfes d'utilité

B

publique de la claffe de celles auxquelles les fonds étoient primitivement deftinés.

C'eft, Meffieurs, en nous conformant exactement à ces principes, qu'après avoir fatisfait au payement des dépenfes que nous avons trouvées à la charge de la province, nous avons jugé convenable d'y en joindre d'autres qui avoient été mifes à la charge particulière des villes, telles que les cafernemens des maréchauffées ; dont nous avons transféré le payement fur les fonds remis à notre difpofition.

Nous n'avons pu porter en général fur cette efpèce de dépenfe, dans le peu de temps qu'a duré notre adminiftration, toute l'économie que nous euffions défirée, parce que nous avons trouvé fur toutes les parties des marchés d'entretien, dont il étoit néceffaire d'exécuter les conditions qui avoient été confenties par les Entrepreneurs & l'Adminiftration précédente.

Nous ne devons pas vous laiffer ignorer qu'une grande partie de cette dépenfe eft perdue aujourd'hui pour la province, par le pillage & la difperfion de la portion la plus confidérable des effets qui lui appartenoient. Nous vous remettons les procès-verbaux de cet enlèvement, & les réclamations inutiles que nous avons faites pour en procurer le rétabliffement.

La levée des foldats provinciaux n'ayant point eu lieu en 1789 & 1790, les fonds deftinés à cet objet ont été employés à d'autres deftinations, d'après l'autorifation du Confeil. L'état de ces dépenfes eft joint au préfent compte.

Nous vous obferverons enfin, à l'égard du petit équipement, que, quoique impofée fur la province, une partie de cette dépenfe étoit payée, fous l'ancienne Adminiftration, par les villes & communautés qui avoient des revenus communaux. Nous avons cru qu'il étoit de notre devoir de faire reftituer à ces communautés les payemens qu'elles avoient faits pour cet objet depuis 1785.

L'Adminiftration précédente s'y eft prêtée fans difficulté; & fi le remboursement n'en étoit pas encore totalement effectué, vous ferez en état de le faire completter, d'après les lettres de M. l'Intendant, que nous avons l'honneur de vous remettre.

Il refte à difpofer, fur les fonds variables, d'une fomme de. . . . . 47,102. 5. *liv. fous den.*

S A V O I R :

	liv.	fous.	den.
Sur 1788.	3,348.	10.	9.
Sur 1789.	3,938.	9.	12.
Sur 1790.	39,815.	4.	4.
	47,102.	5.	1.

Fonds de la Régie des vingtièmes.

La direction des vingtièmes ayant été fupprimée en mars 1777, M. l'Intendant en obtint la réunion à fes bureaux. Il chargea de toutes les vérifications relatives à cette partie, des Commiffaires aux impofitions, qui étoient en même temps les agens de l'Adminiftration pour la confection des rôles des tailles, & la fuite de toutes les opérations du cadaftre, commencées dans la province de l'Ifle-de-France.

Le Gouvernement avoit affecté à ce fervice une fomme annuelle de 74,000 liv., qui étoit prélevée fur le produit des vingtièmes. Nous l'avons eue à notre difpofition pendant les années 1788 & 1789; mais elle a été retirée en 1790, & nous n'avons eu d'autres moyens pour acquitter les appointemens de ces Commiffaires, pendant les fix premiers mois de cette année, que de faire ufage d'une partie de nos économies fur les autres fonds de la province. Si la nouvelle Adminiftration juge convenable de continuer des travaux qui nous ont paru très-utiles, & que nous aurions portés à leur perfection fans les difficultés des circonftances, elle aura à réclamer en totalité les 74,000 liv. de l'année 1790. Il ne refte de difponible, fur l'exercice 1789, qu'une modique fomme de 634 liv. 14 f.

Fonds du Moins-impofé

Le moins-impofé étoit une fomme que le Gouvernement accordoit chaque année, & qui étoit deftinée à fecourir les taillables qui avoient éprouvé des pertes dans leurs récoltes par des accidens extraordinaires, tels que grêle, incendie, inondation, mortalité de beftiaux & autres malheurs de cette efpèce.

Le fonds deftiné à cet objet étoit fixe, mais il n'en appartenoit pas une portion déterminée à chaque généralité; cette portion varioit chaque année à raifon des accidens que chaque province éprouvoit. La répartition en étoit préparée par un travail qui avoit pour objet de réunir tous les éclairciffemens propres à faire connoître la fituation de chaque province fous tous les rapports, de comparer les généralités entre elles, & de préfenter les réfultats de cette comparaifon. C'eft fur ces réfultats, mis fous les yeux du Gouvernement, que la quotité du secours qui devoit être accordé à chaque province ; étoit fixée au Conseil.

En 1788, le fonds du moins-imposé pour la province de l'Isle-de-France fut de 65,000 liv. Nous n'aurons point de compte à vous en rendre, le Conseil ayant décidé que M. l'Intendant qui avoit fait le département de cette année, seroit chargé de la répartition du moins-imposé, ce travail exigeant des connoissances locales sur les besoins des habitans des campagnes, que la Commission intermédiaire n'avoit pas été à portée de réunir.

Lettre de M. le Contrôleur général à M. l'Intendant de Paris, du 28 février 1788.

Ce même fonds fut de 165,000 liv. en 1789. La grêle du 13 juillet 1788, & la cherté excessive des grains, qui ne tarda pas de venir à la suite, furent les motifs qui nous autorisèrent à solliciter une augmentation de fonds. Le tableau de la répartition que nous en fîmes entre les douze Départemens, est joint aux pièces justificatives du présent compte.

Il n'a point encore été fait de fonds pour le moins-imposé en 1790 ; mais l'Assemblée Nationale nous ayant autorisés, par une décision de son Comité des finances, du 10 avril 1790, à prendre sur le produit des rôles de supplément des six derniers mois 1789, les sommes nécessaires pour le soulagement des pauvres & l'entretien des ateliers de charité, on présentera au nombre des pièces justificatives l'état des fonds dont nous avons jugé convenable de disposer.

Ateliers de charité.

LE fonds d'ateliers de charité étoit, comme le moins-imposé, un fonds accessoire de la taille, destiné annuellement, par le Gouvernement, à procurer des secours aux journaliers des différentes provinces, dans le moment où ils n'ont aucun moyen de fubfiftance. La répartition s'en faifoit au Confeil, comme du fonds du moins impofé, & d'après les mêmes principes. C'étoit une aumône qui faifoit vivre le pauvre, en occupant fes bras utilement. Au refte, la fubfiftance du pauvre en étoit le premier objet, & le choix des travaux n'étoit qu'un objet fecondaire. L'hiver de 1788 à 1789, où le fein de la terre étoit fermé par une gelée rigoureufe, n'offroit aucun moyen d'occuper le pauvre avec une apparence d'utilité pour le public; c'eft cependant dans cet hiver que s'eft faite une application plus confidérable de ce fecours. On fe borna, ne pouvant faire mieux, à nettoyer les chemins des neiges qui les obftruoient, à déglacer les montagnes, afin de rendre les routes praticables. Ainfi, l'objet principal de l'inftitution fut rempli, le pauvre fut occupé comme on le put; mais, ce qui étoit le plus effentiel, il fut nourri. Les fonds d'ateliers de charité, les foufcriptions, les aumônes, furent réunis pour adoucir fes calamités, & le préferver des horreurs de la famine.

Le fonds employé en 1788 dans la province de l'Ifle-de-France, eft de la fomme de.................................... 180,000   liv.   fous.   den.

En 1789, de.................... 240,000

Y compris 60,000 liv. d'excédant des fecours que nous avons obtenus, & que l'on imputera probablement fur ce que l'on avoit droit de prétendre pour l'année fuivante.

En 1790, il n'a été fait aucun fonds pour les ateliers de charité, & les fecours qui ont été accordés en remplacement, ont été pris fur le produit des rôles de fupplément des fix derniers mois 1789.

Nous ne pouvons nous difpenfer, en finiffant cet article

de placer une obfervation importante. Différens travaux ont été entrepris fur les fonds dont il vient d'être parlé. Vous penferez fans doute qu'il convient de les examiner en détail, & de terminer, autant que les circonftances le permettront, ceux qui font commencés, afin d'empêcher qu'ils ne deviennent inutiles & perdus pour la province.

Fonds deftinés aux modérations & décharges de capitation & vingtièmes.

LE verfement au tréfor royal des impofitions ordinaires de la capitation & des vingtièmes, s'eft toujours fait par les Receveurs généraux des finances, aux époques énoncées dans leurs foumiffions ; & l'Adminiftration a tous les ans obtenu du Gouvernement, qu'il feroit prélevé fur les fommes impofées une portion déterminée, pour faire face aux demandes en modération & décharge de capitation & de vingtièmes.

Elles ont été fixées par approximation,
pour 1788 & 1789,

	liv.	fous.	den.
S A V O I R :			
Sur la capitation, à	79,271.	"	"
Et fur les vingtièmes.	120,000.	"	"

Il n'y a rien eu de déterminé à cet égard pour 1790 ; mais comme il n'y a aucune raifon pour faire croire que la province foit dans le cas de payer cette année des impofitions plus fortes que les années précédentes, nous devons penfer qu'elle obtiendra des remifes femblables à celles de 1789.

Ces fonds font deftinés à foulager dans leurs impofitions les contribuables qui éprouvent des forcemens dans la répar- tition, ou qui méritent des modérations, en confidération

des pertes qu'ils ont éprouvées ; ils fervent auffi annuellement à couvrir les non-valeurs de vingtièmes, à modérer la
capitation des Officiers de judicature, enfin à toutes les
modérations & décharges de juftice & de grâce qui peuvent
être accordées, après avoir pris les informations préalables.

Nous avons, Meffieurs, la fatisfaction d'avoir accueilli
toutes les demandes de ce genre qui en étoient fufceptibles,
& d'avoir économifé fur ces fonds des fommes confidérables.

Ces économies, qui ne font dûes qu'à la difcuffion févère
de toutes les demandes, auroient pu être employées, foit au
foulagement de l'indigence, foit à d'autres objets d'utilité
publique ; mais le moment d'en faire l'application eft celui
de l'arrière-faifon, temps où nous nous trouverons abfolument
fans pouvoir. Ainfi, Meffieurs, nos économies feront les
premiers fonds avec lefquels vous pourrez exercer votre
bienfaifance.

Le compte que nous vous préfentons vous offre de fonds difponibles fur la	liv.	fous.	den.
capitation.	61,121.	13.	3.
Et fur les vingtièmes	138,598.	4.	3.
Non compris 1790, qui eft prefque entier, & qui donne fur la capitation . .	79,223.	15.	//
Et fur les vingtièmes	119,334.	15.	6.
TOTAL	398,278.	8.	//

Fonds des Travaux publics.

LES fonds des travaux publics font de deux efpèces.
Les fonds des ponts & chauffées,
Et la preftation repréfentative de la corvée.

Fonds

Fonds des Ponts & Chaussées.

Les fonds des ponts & chaussées proviennent originairement d'une somme de 343,000 liv. imposée avec la taille des pays d'élection.

Comme toutes les grandes routes de la France viennent aboutir à la capitale, on avoit affecté à la ci-devant province de l'Isle-de-France 140,000 liv. sur cette somme; savoir, 1.° 100,000 liv. pour la province, & 40,000 liv. pour les frais de l'école des ponts & chaussées, ci...

2.° Sous le titre de supplément du fonds ordinaire des ponts & chaussées.......

3.° Sous celui des réparations & entretien des chemins de traverse........

4.° Enfin, sous le titre d'appointemens des Ingénieurs des ponts & chaussées...

	liv.	sous.	den.
	100,000.	//	//
	327,192.	16.	11.
	6,000.	//	//
	10,825.	·	·
Total.....................	444,017.	16.	11.

On en a retiré depuis les 6,000 liv. affectées à l'entretien & réparations des chemins de traverse...............

	6,000.	·	//
Ce qui réduiroit ces fonds à.......	438,017.	16.	11.

Cependant, comme malgré cette réduction, nous avons eu la disposition effective de 438,717 liv. 16 s. 11 d., nous vous compterons de cette somme de 438,717. 16. 11.

On compte de ces fonds par exercice, & d'avril en avril de chaque année. Ainsi, quoique entrés en activité dès le

C

1.er janvier 1788 , cependant nous n'avons commencé à diriger les travaux & à ordonner les payemens qu'au premier avril de ladite année.

La direction de la totalité des travaux de la province avoit paru à l'Affemblée provinciale devoir appartenir à fon Admi-niftration ; elle l'a réclamée en effet, & avec les plus vives inftances ; mais, par décifion du Confeil, la direction des grandes routes qui, partant de la capitale, traverfent tout le royaume, a été confervée à M. l'Intendant des finances, chargé du département des ponts & chauffées.

La confection, l'entretien & la réparation de toutes les autres ont été attribués à l'Adminiftration provinciale.

Nous avons divifé les routes dont nous fommes chargés en trois claffes.

Dans la première, nous avons placé les routes qui fervent de communication d'une grande route à une autre , & qui ont été retirées du département de M. de la Millière.

Dans la feconde, celles qui avoient été mifes originaire-ment fur l'état du Roi , mais qui avoient été retirées en 1781 des baux d'entretien.

Dans la troifième enfin , celles que nous avons trouvées fous l'adminiftration particulière de M. l'Intendant de Paris.

Il eft encore néceffaire de vous obferver que nous avons été chargés du payement de la fomme de 70,000 liv. à laquelle a été évalué le cinquième de garantie que l'Admi-niftration conferve entre fes mains pour fa fûreté vis-à-vis des Entrepreneurs , & à laquelle le Confeil a fixé ce qui pouvoit être dû pour cet objet par l'adminiftration de M. de la Millière , lorfque fa direction a ceffé fur les travaux qui ont été confiés à nos foins.

Fonds de la Preſtation.

L E S fonds, repréſentatifs de la corvée, doivent leur origine à l'Édit du mois de Juin 1787, qui a converti en preſtation pécuniaire les travaux de la corvée.

Ces fonds ayant la même deſtination que les fonds ordinaires des ponts & chauſſées, on auroit pu les réunir dans un ſeul & même compte, mais l'ordre de la comptabilité n'a pas permis de le faire; 1.° ils s'acquittoient ſur des caiſſes différentes; en ſecond lieu, il falloit des formalités pour toucher ſur le Tréſor royal, qui n'étoient pas néceſſaires, pour être payé ſur les fonds repréſentatifs de la corvée.

Nous nous ſommes preſcrit, à la vérité, l'obſervation des mêmes formalités ſur toutes les eſpèces d'ouvrages; mais l'ancienne Adminiſtration, dont nous avons continué les travaux, avoit cru pouvoir s'écarter de ces formes. Pluſieurs travaux n'avoient point été adjugés, & l'on s'étoit contenté de ſoumiſſions ſouſcrites par les entrepreneurs. Or, il eût été impoſſible de faire payer les ſoumiſſionnaires au Tréſor royal, où l'on exige abſolument des adjudications régulières, ſans leſquelles la Chambre des Comptes juge les payemens non-valables.

Mais pourquoi compter des payemens faits ſur les fonds de la preſtation d'avril en avril, & non point de janvier en janvier, & ſuivant le cours régulier du recouvrement de ces fonds !

C 2

C'eſt ce qu'il eſt néceſſaire d'expliquer.

Les fonds du tréſor royal de l'exercice 1788 étant ceux qui avoient été perçus en 1787, on pouvoit tirer ſur ces fonds ſans craindre aucun retard pour l'acquit des mandats.

Au contraire, les fonds de la preſtation de 1788, ne devant ſe percevoir que ſucceſſivement, & les receveurs ayant 18 mois pour faire la remiſe totale, il eſt ſenſible que ſi l'on eût tiré ſur ces fonds dès le commencement de 1788, les mandats n'euſſent point été acquittés, & que les receveurs auroient été fondés à dire qu'ils n'avoient point de fonds.

C'eſt donc pour éviter le déſagrément de délivrer des mandats illuſoires ſur des fonds non encore recouvrés, que nous avons cru devoir ſuivre les mêmes époques, tant pour les payemens ordonnés ſur les fonds de la preſtation, que pour ceux qui l'étoient ſur les fonds du tréſor royal.

Par là on s'eſt procuré trois avantages, 1.º de pouvoir ſolder chaque année les ouvrages preſque auſſitôt après l'arrêté du compte.

2.º De ne délivrer de mandats ſur les fonds de la preſtation, que pluſieurs mois après l'ouverture du recouvrement.

3.º Enfin, de ramener à une même époque la reddition

des comptes de tous les travaux publics dont nous étions chargés.

C'eſt par ces motifs que le premier des deux comptes que nous vous préſentons, partant du premier janvier 1788, embraſſe les quinze mois qui ſe ſont écoulés juſqu'au premier avril 1789.

Et le ſecond, l'année complette depuis le premier avril 1789 juſqu'au premier avril 1790.

Nous avons pu adopter ce parti avec d'autant moins de difficulté, que nous nous trouvons en épargnes ſur les perceptions des années 1788 & 1789, & que nous laiſſons en entier à l'Adminiſtration qui nous ſuccède, la perception de 1790.

Réimpoſitions pour le payement des frais d'Arpentages.

LES opérations du cadaſtre de la province de l'Iſſe-de-France ont été autoriſées par la Déclaration du Roi du 11 Août 1776. L'arpentage des territoires étoit un des moyens indiſpenſablement néceſſaires pour y parvenir.

L'Aſſemblée provinciale a donc cru devoir en ordonner la continuation, dont les frais ſe payoient annuellement par la voie de la réimpoſition. Nous joignons aux pièces juſtificatives un compte des ſommes réimpoſées pendant les trois années 1788, 1789 & 1790 ; il vous indiquera les ſommes payées, & celles dont vous pouvez diſpoſer pour le payement de ces travaux.

Le décompte particulier pour chaque Département qui vous sera remis, vous fera connoître, Messieurs, la situation des Arpenteurs vis-à-vis de l'Administration, & les sommes qui restent à votre disposition seront plus que suffisantes pour satisfaire à tout ce qui peut leur être dû.

Nous vous observerons qu'il ne reste plus dans toute la province que vingt-six paroisses dont les plans n'ayent pas été faits.

Fonds provisoire de 1787.

Lorsque l'Assemblée provinciale prit les rênes de l'administration de la généralité de Paris en août 1787, elle fut obligée à des dépenses pour son premier établissement; & comme le Gouvernement n'avoit point encore assigné les fonds qui lui étoient nécessaires, & dont elle devoit avoir la disposition, M. l'Intendant de Paris fut autorisé à lui faire remettre provisoirement une somme de 12000 livres sur les fonds de 1787. Nous en joignons le compte au nombre des pièces justificatives : il vous indiquera, Messieurs, que nous avons excédé cette somme de 491 livres 18 sous; mais cet excédant a été couvert par une ordonnance de pareille somme sur les fonds libres de la capitation de l'exercice 1788.

Fonds des secours pour la Grêle.

Vous savez, Messieurs, que le 13 juillet 1788, a été un jour funeste à la province de l'Isle-de-France : sept Élections ont été en grande partie victimes du fléau de la grêle. Nous n'avons rien négligé pour procurer aux cultivateurs qui avoient perdu leurs récoltes, les fecours qui leur étoient néceffaires pour enfemencer leurs terres & affurer leur fubfiftance. Nous avons obtenu du Gouvernement 174,000 livres fur le fonds de la loterie de 12 millions ; indépendamment de cette fomme, nous avons cru devoir ouvrir une foufcription, & les notaires chargés de recevoir le montant de ces offrandes volontaires, nous ont fait remettre une fomme de 36,605 livres 9 fous. Nous joignons aux pièces juftificatives de ce compte l'état de la diftribution qui en a été faite.

A notre exemple, les bureaux intermédiaires ont follicité des charités extraordinaires ; plufieurs fe font fait un devoir de nous tranfmettre l'état de la diftribution qu'ils en ont faite entre les Municipalités de leur arrondiffement, & nous ne doutons pas que les autres ne s'empreffent de vous faire part des avantages femblables qu'ils ont été dans le cas de procurer à leurs Départemens.

Réimpofitions pour frais locaux d'Adminiftration.

LE Confeil n'ayant arrêté qu'en décembre 1788, la fixation des frais annuels de l'adminiftration de la province, & plufieurs bureaux intermédiaires étant en avance à cet égard, ils avoient cru pouvoir impofer comme frais locaux d'adminiftration, une fomme totale de 12,295 liv. pour leur rembourfement.

Autorifés à faire payer fur les fonds de la province, les frais d'adminiftration de 1788, d'après la fixation déterminée par la décifion du Confeil, du 3 décembre 1788, les 12,295 livres réimpofées n'ont plus eu d'objet, & M. le Contrôleur général a confenti qu'elles ferviffent à augmenter d'autant les fonds libres de la capitation 1789. Nous vous remettons auffi, Meffieurs, au nombre des pièces juftificatives de ce compte, l'état de l'emploi que nous avons fait d'une partie de cette fomme, fur laquelle vous aurez encore à votre difpofition, pour le foulagement des contribuables, 6,417 liv.

Fonds provenant du produit des rôles de fupplément, fur les ci-devant Privilégiés, pour les fix derniers mois 1789.

Nous avions confommé, au mois d'avril dernier, les 240,000 livres qui avoient été mifes à notre difpofition pour le fervice des travaux de charité; l'embarras des circonftances ne permettant pas au Gouvernement d'accorder de nouveaux fonds, & la néceffité d'affurer jufqu'à l'ouverture des travaux de la campagne, la fubfiftance d'une multitude d'ouvriers fans occupation & fans reffources, nous déterminèrent à demander des fecours à l'Affemblée Nationale. Par décifion du Comité des Finances, du 10 avril, nous fûmes autorifés à prélever fur le produit des rôles de fupplément des ci-devant Privilégiés, pour les fix derniers mois 1789, la portion que nous jugerions convenable pour le foulagement des pauvres & l'entretien des ateliers de charité.

D'après cette décifion, nous avons augmenté dans chaque département les fonds deftinés aux travaux de charité; nous

avons

avons donné des foulagemens aux Communautés qui en étoient fufceptibles, & nous avons pu accorder les décharges & modérations d'impofitions prefcrites par la juftice, fans être obligés d'en rejeter le fardeau fur les Communautés, par le moyen ordinaire de la réimpofition. Nous vous re-mettons, Meffieurs, le compte détaillé de l'emploi d'une fomme de 176,362 liv. 16 fous 10 deniers, qui a été employée à ces différens objets.

Nous avions étendu nos vues beaucoup plus loin, & nous avions penfé que le foulagement le plus efficace qui pût être accordé aux contribuables mal-aifés, étoit la libération totale de l'arriéré fur leurs impofitions.

Nous avons en conféquence adreffé, le 15 avril dernier, une inftruction aux Bureaux intermédiaires de la province, dont l'objet étoit de leur demander les renfeignemens néceffaires pour nous mettre à portée de terminer une liquidation auffi importante; mais le terme de notre adminiftration, qui nous a été annoncé prefque auffitôt, ne nous a pas laiffé le temps convenable pour raffembler tous les détails que nous efpérions nous procurer; nous remettrons, Meffieurs, ce qui nous en eft déjà parvenu, aux Directoires des Départemens, & il leur fera réfervé d'effectuer ce que nous avions projetté pour le plus grand intérêt des malheureux contribuables.

Comme vous recevrez féparément les comptes détaillés de l'emploi de chacun des fonds mis à notre difpofition, nous ne placerons ici que le réfultat par exercice, avec une récapitulation qui vous indiquera le montant des fommes qui reftent difponibles, & fur lefquelles vous pouvez affigner le payement des objets arriérés, & celui des dépenfes né-ceffaires & indifpenfables pour le fervice de l'Adminiftration.

D.

RÉSULTAT DU COMPTE
DE L'EXERCICE 1788.

	NATURE DE FONDS.	FONDS FAITS.	FONDS CONSOMMÉS.	RESTE À CONSOMMER.	OBSERVATIONS.
1.	Fonds libres de la capitation..........	85,774ˡ. 13ᶠ. 2ᵈ.	85,923ˡ. 12ᶠ. 6ᵈ.	//ˡ. //ᶠ. //ᵈ.	148 liv. 19 f. 4 d. d'exc[édant] dont il sera fait raison à la r[ecette] générale sur l'économie du[...] des modérations & décharg[es...] la capitation 1788.
2.	Fonds variables. — Casernemens....	160,000. // //	159,096. 10. 3.	903. 9. 9.	
	Milices.......	47,000. // //	45,726. 14. //	1,273. 6. //	
	Pépinières.....	30,000. // //	28,828. 5. //	1,171. 15. //	
	Inval. de S. Gⁿ..	6,150. // //	6,150. // //	// // //	
3.	Fonds de la Régie des vingtièmes........	74,000. // //	74,077. 7. 5.	// // //	Il sera pareillement fait [raison à] la recette générale des 77 li[v.] 5 d. d'excédant sur le fon[ds des] modérations & décharges des [ving]tièmes 1788.
4.	Fonds destinés au moins-imposé..........	// //	// // //	// // //	
5.	Travaux de charité.....	180,000. // //	180,000. // //	// // //	
6.	Fonds destinés aux modérations & décharges. — Sur la capitation.	79,271. // //	68,863. 14. //	10,407. 6. //	
	Sur les vingtièmes	120,000. // //	73,080. 12. 9.	46,919. 7. 3.	
7.	Fonds des ponts & chaussées sur le trésor royal............	438,717. 16. 11.	438,001. 13. 8.	716. 3. 3.	
8.	Fonds de la prestation représentative de la corvée...........	519,875. 7. //	494,969. 19. 10.	24,905. 7. 3.	
9.	Réimpositions destinées au payement des frais d'arpentage.......	55,394. // //	53,893. 10. //	1,500. 10. //	
10.	Fonds provisoire sur l'exercice 1787......	12,000. // //	12,491. 18. 6.	// // //	491 liv. 18 f. 4 d. d'exc[édant] qui a été imp[ut]é sur les fonds de la capitation 1788.
11.	Secours accordés à cause de la grêle de 1788..	210,605. 9. //	210,605. 9. //	// // //	
	TOTAUX.....	2,018,788ˡ. 6ᶠ. 2ᵈ.	1,931,709ˡ. 6ᶠ. 11ᵈ.	87,797ˡ. 4ᶠ. 6ᵈ.	Excédant, 718 liv. 5 f.

RÉSULTAT DU COMPTE
DE L'EXERCICE 1789.

	NATURE DE FONDS.	FONDS FAITS.	FONDS CONSOMMÉS.	RESTE À CONSOMMER.	OBSERVATIONS.
1.	Fonds libres de la capitation......	85,461ˡ. 16ˢ. 4ᵈ.	79,419ˡ. 14ˢ. 10ᵈ.	6,042ˡ. 1ˢ. 6ᵈ.	
2.	Fonds variables. — Caſernemens....	160,000. // //	159,814. 12. 9.	185. 7. 3.	
	Milices......	47,000. // //	44,917. 14. //	2,082. 6. //	
	Pépinières....	30,000. // //	28,329. 3. 4.	1,670. 16. 8.	
	Inval. de S. Gn.	6,000. // //	6,000. // //	// // //	
3.	Fonds de la Régie des vingtièmes......	74 000. // //	73,365. 6. //	634. 14. //	
4.	Fonds deſtinés au moins-impoſé....	165,000. // //	165,000. // //	// // //	Y compris 60,000 liv. de ſupplément de ſecours accordés en 1790, & ordonnancés ſur les fonds de 1789.
5.	Travaux de charité..	240,000. // //	240,000. // //	// // //	
6.	Fonds deſtinés aux modérations & décharges — Sur la capitation..	79,271. // //	28,556. 12. 6.	50,714. 7. 6.	
	Sur les vingtièmes.	120,000. // //	28,321. 3. .	91,678. 17. //	
7.	Fonds des ponts & chauſſées ſur le tréſor royal..........	438,717. 16. 11.	143,829. 8. 1.	294,888. 8. 10.	
8.	Fonds de la preſtation repréſentative de la corvée.........	523,145. // //	463,811. 6. 9.	59,333. 13. 3.	
9.	Réimpoſitions ordonnées pour frais d'arpentages......	34,545. // //	32,029. // //	2,516. // //	
10.	Réimpoſitions pour frais locaux....	12,295. // //	5,878. // //	6,417. // //	
	TOTAUX......	2,015,435. 13. 3.	1,499,272. 1. 3.	516,163. 12. //	
	Emploi d'une partie du produit des rôles de ſupplément pour les ſix derniers mois 1789............	....	176,362. 16. 10.		

RÉSULTAT DU COMPTE

DE L'EXERCICE 1790.

NATURE DE FONDS.	FONDS FAITS.	FONDS CONSOMMÉS.	RESTE À CONSOMMER.	OBSERVATIONS
1. { Fonds libres de la capitation.......... }	42,730 l. 18 f. 2 d.	26,218 l. 4 f. 2 d.	16,512 l. 14 f. // d.	
2. { Fonds variables. { Caſernemens.... Milices...... Pépinières..... Inval. de S. Gn.. } }	121,500. // //	81,684. 15. 8.	39,815. 4. 4.	Les fonds libres de la capitatio & les fonds variables n'ont é faits que pour ſix mois. Il reſte réclamer 164,230 l. 18 f. 2 pour les ſix derniers mois 1790 ainſi que les 74,000 l. de la Régi des vingtièmes.
3. { Fonds de la Régie des vingtièmes.......... }	// // //	// // //	// // //	
4. { Fonds deſtinés au moins-impoſé.......... }	// // //	// // //	// // //	
5. Travaux de charité....	// // //	// // //	// // //	
6. { Fonds deſtinés aux modérations & décharges. { Sur la capitation... Sur les vingtièmes. } }	79,271. // // 120,000. // //	47. 5. // 665. 4. 6.	79,223. 15. // 119,334. 15. 6.	Quoique ces fonds n'ayent ét annoncés par aucune lettre mini térielle, on a cru pouvoir le ſuppoſer ici tels qu'ils ont eu lie les années précédentes.
7. { Fonds des ponts & chauſſées ſur le tréſor royal.......... }	250,000. // //	// // //	250,000. // //	A raiſon de 20,833 l. 6 f. 8 d par mois juſqu'au 1er. avril 1791 ſuivant la déciſion du Miniſtre du 3 avril 1790. Il reſtera à récla mer 188,717 l. 16 f. 11 d. pou completter les fonds ordinaires d ce ſervice.
8. { Fonds de la preſtation repréſentative des travaux gratuits des routes.............. }	544,273. 3. 4.	// // //	544,273. 3. 4	
9. { Réimpoſitions deſtinées au payement des frais d'arpentages......... }	36,460. 15. //	29,326. 10. //	7,134. 5. //	
TOTAUX.....	1,194,235. 16. 6.	137,941. 19. 4.	1,056,293. 17. 2.	

RÉCAPITULATION GÉNÉRALE

DU COMPTE DES TROIS EXERCICES.

NATURE DES FONDS.	FONDS FAITS EN 1788, 1789, 1790.	FONDS CONSOMMÉS sur ces trois Exercices.	RESTE À CONSOMMER.	OBSERVATIONS.
Fonds libres de la capitation............	213,967ˡ. 7ˢ. 8ᵈ.	191,561ˡ. 11ˢ. 6ᵈ.	22,405ˡ. 16ˢ. 2ᵈ.	Non compris 164,230 liv. 18 f. 2 den. que le trésor royal doit mettre à la difposition de l'Adminiftration, pour fon fervice pendant les fix derniers mois de 1790.
Fonds variables. { Cafernemens... Milices........ Pépinières...... Inval. de S. Gⁿ..	607,650. ″ ″	560,547. 15. ″	47,102. 5. ″	
Fonds de la Régie des vingtièmes..........	148,000. ″ ″	147,442. 13. 5.	557. 6. 7.	Non compris 74,000 liv. à réclamer pour le fervice de l'année entière 1790.
Fonds deftinés au moins-impofé de 1789.....	165,000. ″ ″	165,000. ″ ″	″ ″ ″	Ces fecours feront dans e cas n'être réclamés pour 1790; favoir, 165,000 l. pour le moins-impofé, & 120,000 l. pour les travaux de charite.
Travaux de charité....	420,000. ″ ″	420,000. ″ ″	″ ″ ″	
Fonds deftinés aux modérations & décharges. { Sur la capitation...	237,813. ″ ″	97,467. 11. 6.	140,345. 8. 6.	Dans ces deux fommes on a compris les fonds qui doivent être naturellement afiignés pour 1790.
{ Sur les vingtièmes.	360,000. ″ ″	102,067. ″ 3.	257,932. 19. 9.	
Fonds des ponts & chauffées.........	1,127,435. 13. 10.	581,831. 1. 9.	545,604. 12. 1.	Les fonds de 1790 n'ont pas été entamés; ceux des ponts & chauffées ont été calculés fur 250,000 liv. jufqu'au 1.ᵉʳ avril 1791, fuivant la décifion du Miniftre. Il reftera à réclamer 186,717 liv. 16 f. 11 d. pour completter les fonds de 1790.
Preftation repréfentative de la corvée........	1,587,293. 10. 5.	958,781. 6. 7.	-628,512. 3. 10.	
Réimpofitions pour arpentages............	126,399. 15. ″	115,249. ″ ″	11,150. 15. ″	
Fonds provifoire de 1787...............	12,000. ″ ″	12,000. ″ ″	″ ″ ″	
Secours pour la grêle...	210,605. 9. ″	210,605. 9. ″	″ ″ ″	
Réimpofitions pour frais locaux...........	12,295. ″ ″	5,878. ″ ″	6,417. ″ ″	
TOTAUX.....	5,228,459. 15. 11.	3,568,431. 9. ″	1,660,028. 6. 11.	Sur lefquelles il conviendra déduire toutes les dépenfes faites fur les chemins, & les frais ordinaires de l'Adminiftration jufqu'à la ceffation totale des fonctions de la Commiffion & des bureaux intermédiaires.
Emploi d'une partie du produit des rôles de fupplément des fix derniers mois 1789....	....	176,362. 16. 10.		

Nous avons, Meſſieurs, quelques obſervations impor-
tantes à vous faire ſur les réſerves conſidérables que nos
comptes vous ont préſentées.

La première eſt qu'il reſte des dépenſes à la charge de
notre adminiſtration, qui ne ſont point encore liquidées,
telles que les traitemens & appointemens de tous les agens
d'adminiſtration employés ſous nos ordres & ſous ceux des
bureaux intermédiaires des anciens Départemens, les frais
de caſernemens & autres objets de dépenſes annuelles à la
charge de l'adminiſtration. Ces dépenſes pourront monter,
par aperçu, à 155,000 liv., y compris les objets payables
au 31 décembre prochain.

Deuxièmement, les ſommes dûes pour ouvrages faits
ſur les chemins juſqu'au 1.ᵉʳ avril dernier, montant environ
à 204,000 liv., les ouvrages faits depuis cette époque, &
qui ſont en activité, mais pour leſquels il n'a point encore
été expédié de mandats ſur les fonds de 1790. Cette dépenſe
juſqu'au 1.ᵉʳ janvier 1791, peut être portée, par aperçu,
à 546,000 liv. Enfin, 70,000 liv. pour l'ancienne dette
des ponts & chauſſées.

Troiſièmement, le cinquième de garantie réſervé ſur
toutes les entrepriſes de conſtruction & entretien, qui ne ſe
paye que lors de la réception des ouvrages.

Quatrièmement, les dettes de l'adminiſtration de l'Intendance, qui, quoique étrangères au régime particulier de
notre adminiſtration, ne peuvent l'être aux fonds de la
province, ſur leſquels les ouvriers & fourniſſeurs ont des
droits inconteſtables, après que le débet de notre adminiſtration particulière ſera acquitté. Elles peuvent être éva-
luées 300,000 liv.

Tous ces objets prélevés ſur la maſſe, il reſtera encore

à répartir entre les Départemens une fomme de 385,000 l., fans compter celle de 711,948 l. 15 f. 1 d. pour les répétitions indiquées dans la colonne des obfervations, & indépendamment des 438,717 l. 16 f. 11 d. qui doivent être payées par le tréfor public, pour le fervice des ponts & chauffées de 1791, comme ayant été retenues fur les fonds des impofitions de la Province, de 1790.

Nos entreprifes, Meffieurs, euffent été plus confidérables, & nous euffions regardé comme le plus important de nos devoirs, de confommer exactement, mais fans les excéder, les fonds de la province, fi la gêne du tréfor royal, fi la langueur des recouvremens ne nous avoient pas oppofé des obftacles infurmontables. Nous avons préféré d'être juftes, à l'ambition de beaucoup faire. Nous n'avons voulu ni entreprendre ni pouffer un grand nombre de travaux, dont il nous eût été impoffible de faire acquitter la dépenfe, & nous avons confenti volontiers à laiffer la difpofition des fonds, avec la fuite des opérations, à des fucceffeurs qui ne feront pas moins bien intentionnés que nous, & qui feront plus fecondés par les circonftances.

Les principes d'économie qui ont dirigé nos opérations, nous font une loi de ne pas faire imprimer les états & pièces juftificatives que nous avons remis à l'appui de ce compte; nous nous bornerons à placer ici le tableau approximatif des frais annuels de notre adminiftration, approuvés, foit par l'Affemblée provinciale, foit par décifions du Miniftre des finances. Et nous vous remettrons, Meffieurs, au moment de la ceffation de nos fonctions, un fupplément de compte qui indiquera les divers objets de dépenfe dont nous aurons ordonné le payement jufqu'à cette époque.

FRAIS ANNUELS
D'ADMINISTRATION.

Commission intermédiaire.

Huit Membres sans honoraires..... "

Attributions des deux Syndics provinciaux,
à raison de 4000 liv. chacun....... 8,000^l.

Appointemens du Secrétaire provincial.. 5,000.

Aux Commis expéditionnaires du bureau :

    Appointemens........ 17,000^{##} } 21,900.
    Gratification annuelle... 4,000 }

Garçon & frais de bureau.......... 3,000.

Loyer du bureau, logement & gratification
du Secrétaire provincial.......... 4,900.

* Frais d'impressions, ports de lettres, &c. * 7,000.

} 48,900^l.

Ces frais ont été plus considérables les deux dernières années, à cause de l'envoi aux 2138 Municipalités, des Décrets & Instructions de l'Assemblée Nationale.

*** Ces frais n'ont eu lieu qu'en 1788.*

Logement des Membres pendant la tenue
de l'Assemblée provinciale à Melun.... 2,400. }

Frais du bureau des séances de ladite
assemblée................. 1,000. }

** 3,400.

52,300^l.

Ci-contre.......................... 52,300ˡ.

Douze Départemens.

QUARANTE-HUIT Membres, sans honoraires.

Honoraires des vingt-quatre Procureurs-
Syndics des douze Départemens, à raison
de 1,500 liv. chacun .... 36,000.

Appointemens des douze Secrétaires de
Départemens, à raison de 1,200 liv.
chacun..................... 14,400.

Loyer des bureaux & des lieux d'assemblées
des douze Départemens.......... 10,000.

Frais des bureaux des douze Départemens. 16,070.

> 76,470.

Logement des Membres pendant la tenue
des assemblées des douze Départemens,
dont onze à raison de 600 liv., & celui
de Beauvais sur le pied de 200 liv.
seulement..................... 6,800.

Frais de bureaux des assemblées des douze
Départemens, à raison de 250 liv. pour
chacun..................... 3,000.

> * 9,800.

* Ces frais n'ont eu lieu qu'en 1788. Ils ont servi en 1789 aux gratifications d'une partie des agens de l'administration, employés aux travaux extraordinaires de la répartition des impositions.

Appointemens des douze Commissaires aux
impositions.................... 36,000.

Appointemens des douze Commissaires
adjoints, à raison de 1,200 liv. chacun. 14,400.

> 50,400.

____

188,970ˡ.

De l'autre part . . . . 188,970^l.

A l'Ingénieur en chef, chargé de la direction
des travaux publics :

Pour ses honoraires, frais & appointemens
de sept Commis employés dans les
bureaux des travaux publics. . . . . 16,200. ⎞
Gratifications à lui & aux Employés des   20,200.
mêmes bureaux . . . . 4,000. ⎠

Aux Sous-ingénieurs des douze Départemens :

Supplément d'Appointemens. . . . . 6,000. ⎞
                                              14,250.
Gratifications. 8,250. ⎠

$$223,420^l.$$

Fait & arrêté par nous Députés composant la Commission
intermédiaire de l'Isle-de-France, ce premier septembre 1790.

Du Chatelet, *Président*; Tilly-Blaru, de Noailles,
de Bethisy, Parent, Hennin, Cretté, de Crillon,
Delanoue, *Procureurs - Syndics*; Bocquet, *Secrétaire
provincial.*

A PARIS, DE L'IMPRIMERIE ROYALE. 1791.